CANTIQUES

POUR

LES EXERCICES SPIRITUELS

DE LA

PAROISSE SAINT-MACLOU

DE PONTOISE.

PONTOISE. — IMPRIMERIE DE A. PARIS.

1877

CANTIQUES
POUR
LES EXERCICES SPIRITUELS
DE LA PAROISSE SAINT-MACLOU
DE PONTOISE.

INVOCATION AU SAINT-ESPRIT.

Esprit saint, descendez en nous, (*bis*).
Embrasez notre cœur de vos feux les plus doux. (*bis*).

Sans vous notre vaine prudence
Ne peut, hélas ! que s'égarer ;
Ah ! dissipez notre ignorance, (*bis*).
Esprit d'intelligence,
Venez nous éclairer.

Chœur. — Esprit saint, etc.

Le noir enfer, pour nous faire la guerre ;
Se réunit au monde séducteur ;
Tout est pour nous embûche sur la terre ;
Soyez, soyez, notre libérateur. (*bis*).

Chœur. — Esprit saint, etc.

Enseignez-nous la divine sagesse,
Seule elle peut nous conduire au bonheur ;
Dans ses sentiers qu'heureuse est la jeunesse !
Qu'heureuse est la vieillesse !

Chœur. — Esprit saint, etc.

CONVERSION.

Refrain. — Armons-nous ; la voix du Seigneur,
Chrétiens, au combat nous appelle.
Ah ! voyez, voyez, qu'elle est belle,
La palme promise au vainqueur !
Elle est si noble, elle est si belle (*bis*).
La palme promise au vainqueur !

Tout le cours de notre existence
N'est qu'un long et rude combat ;
L'homme ferme que rien n'abat,
Seul obtiendra la récompense. Armons, etc.

   A l'aspect de notre courage
L'enfer a frémi de courroux ;
Mille ennemis fondent sur nous,
Mais nous nous rions de leur rage. Armons, etc.

   VAIN fantôme, idole fragile,
Trop funeste respect humain,
Tu nous menaces, mais en vain,
Nous tous soldats de l'Évangile. Armons, etc.

   DANS tes filets, ô monde impie !
Tu voudrais enlacer nos cœurs,
Empoisonner de tes erreurs
Le cours de toute notre vie. Armons, etc.

   LE bonheur qu'il promet sans cesse,
Pourra-t-il le donner jamais !
Ses plaisirs ont d'amers regrets,
Sa joie est une folle ivresse. Armons, etc.

   DU fond ténébreux des abîmes.
Entendez retentir ses fers ;
Du cruel tyran des enfers,
Chrétiens, serons-nous les victimes ? Armons, etc.

   ARMÉ de l'étendard des braves,
Jésus va précéder nos pas ;
Et nous préférons les combats
Aux viles chaînes des esclaves ! Armons, etc.

   NON, Seigneur, la horde ennemie,
Non, ses cris de vaines fureurs
Ne sauraient amollir nos cœurs,
Nous le jurons sur notre vie ! Armons, etc.

   OUI, pour prix de notre victoire,
Le Dieu pour qui nous combattons
S'apprête à couronner nos fronts
Des nobles lauriers de la gloire. Armons, etc.

LE RESPECT HUMAIN.

Refrain. — Bravons les enfers,
Brisons tous nos fers,
Sortons de l'esclavage ;
Unissons nos voix,
Rendons à la croix
Un sincère et public hommage.

Jurons haine au respect humain,
Brisons cette idole fragile ;
Sur ses débris que notre main
Élève un trône à l'Évangile !   Bravons, etc.

Chrétiens, d'une vaine terreur
Serions-nous encor la victime ?
Qu'il soit banni de notre cœur,
Le cruel tyran qui l'opprime.   Bravons, etc.

Partout flottent les étendards
Qu'arbore à nos yeux la licence ;
Faisons briller à ses regards
La bannière de l'innocence.   Bravons, etc.

Tout chrétien doit être un soldat
Rempli d'ardeur, né pour la gloire ;
Quand son chef le mène au combat,
Tremblant, il fuirait la victoire !   Bravons, etc.

Seigneur, ton camp sera le mien ;
Tant qu'il coulera dans mes veines
Quelques gouttes de sang chrétien,
Monde, tes menaces sont vaines.   Bravons, etc.

O divin Roi ! jusqu'au trépas
Mon cœur te restera fidèle ;
Puisse la croix, guidant mes pas,
Me voir vivre et mourir pour elle.   Bravons, etc.

REGRETS AMERS DES PÉCHEURS.

Hélas! quelle douleur
  Remplit mon cœur,
Fait couler mes larmes?
Hélas! quelle douleur
  Remplit mon cœur
De crainte et d'horreur!
   Autrefois,
Seigneur, sans alarmes,
  De tes lois
Je goûtais les charmes;
Hélas! vœux superflus,
  Beaux jours perdus,
Vous ne serez plus!

La mort déjà me suit :
  O triste nuit,
Déjà je succombe!
La mort déjà me suit;
  Le monde fuit;
Tout s'évanouit.
   Je la vois
Entr'ouvrant ma tombe,
  Et sa voix
M'appelle, et j'y tombe.
O mort, cruelle mort;
  Si jeune encor!...
Quel funeste sort!

Frémis, ingrat pécheur;
  Un Dieu vengeur,
D'un regard sévère,
Frémis, ingrat pécheur,
  Un Dieu vengeur
Va sonder ton cœur.
   Malheureux!
Entends son tonnerre;
  Si tu peux,
Soutiens sa colère,
Frémis, seul aujourd'hui,
  Sans nul appui,
Parais devant lui.

Grand Dieu! quel jour affreux
  Luit à mes yeux!
Quel horrible abîme!
Grand Dieu! quel jour affreux
  Luit à mes yeux!
Quels lugubres feux!
   Oui, l'enfer,
Vengeur de mon crime,
  Est ouvert,
Attend sa victime.
Grand Dieu! quel avenir!
  Pleurer, gémir,
Toujours te haïr!

Beau ciel, je t'ai perdu,
  Je t'ai vendu,
Pour de vains caprices;
Beau ciel, je t'ai perdu,
  Je t'ai vendu,
Regret superflu!
   Loin de toi,
Toutes les délices
  Sont pour moi
De nouveaux supplices;
Beau ciel, toi que j'aimais,
  Qui me charmais,
Ne te voir jamais!...

O vous, amis pieux,
  Toujours joyeux,
Et pleins d'espérance!
O vous, amis pieux,
  Toujours joyeux!
Moi seul malheureux!
   J'ai voulu

Sortir de l'enfance..
J'ai perdu
L'aimable innocence.
O vous, du ciel un jour
 Heureuse cour !
Adieu, sans retour.

Non, non, c'est une erreur,
 Dans mon malheur
Hélas! je m'oublie :
Non, non, c'est une erreur,
 Dans mon malheur,
Je trouve un sauveur.
 Il m'attend,
 Me réconcilie,
  Dans son sang
Je reprends la vie.

Non, non, je l'aime encor,
 Et le remords
A changé mon sort,

Jésus, manne des cieux,
 Pain des heureux,
Mon cœur te réclame ;
Jésus, manne des cieux,
 Pain des heureux,
Viens combler mes vœux.
 Désormais
Ta divine flamme
 Pour jamais
Embrase mon âme.
Jésus, ô mon sauveur,
 Fais de mon cœur
L'éternel bonheur.

JUGEMENT DERNIER.

Dieu va déployer sa puissance :
Le temps comme un songe s'enfuit.
Les siècles sont passés, l'éternité commence,
Le monde va rentrer dans l'horreur de la nuit.
 Dieu, etc.

J'entends la trompette effrayante ;
 Quel bruit ! quels lugubres éclairs !
Le Seigneur a lancé sa foudre étincelante,
Et ses feux dévorants embrasent l'univers.
 J'entends, etc.

Les monts foudroyés se renversent,
Les êtres sont tous confondus ;
La mer ouvre son sein, les ondes se dispersent ;
Tout est dans le chaos, et le monde n'est plus.
 Les monts, etc.

Sortez des tombeaux, ô poussière !
Dépouille des pâles humains :
Le Seigneur vous appelle, il vous rend la lumière;
Il va sonder les cœurs et fixer les destins.
 Sortez, etc.

Il vient, tout est dans le silence ;
Sa croix porte au loin la terreur :
Le pécheur consterné frémit à sa présence,
Et le juste lui-même est saisi de frayeur.
 Il vient, etc.

   Assis sur un trône de gloire,
   Il dit : venez, ô mes élus !
Comme moi vous avez remporté la victoire ;
Recevez de mes mains le prix de vos vertus.
   Assis, etc.

   Tombez dans le sein des abîmes,
   Tombez pécheurs audacieux ;
De mon juste courroux immortelles victimes,
Vils suppôts des démons, vous brûlerez comme eux.
   Tombez, etc.

   Triste éternité de supplices,
   Tu vas donc commencer ton cours ?
De l'heureuse Sion ineffables délices,
Bonheur, gloire des saints, vous durerez toujours.
   Triste éternité, etc.

LE CIEL EN EST LE PRIX !

Le ciel en est la prix !
Que ces mots sont sublimes !
Des plus belles maximes
Voilà tout le précis.
Le ciel (ter) en est le prix,
Le ciel (ter) en est le prix.

Le ciel en est le prix !
Mon âme, prends courage :
Ah ! si dans l'esclavage
Ici-bas tu gémis,
   Le ciel, etc.

Le ciel en est le prix !
Amusement frivole,
De grand cœur je t'immole
Aux pieds du crucifix :
   Le ciel, etc.

Le ciel en est le prix !
La loi demande-t-elle,
Fût-ce une bagatelle ?
N'importe, j'obéis,
   Le ciel, etc.

Le ciel en est le prix !
Un rien, Seigneur, vous char-
Que faut-il ? une larme.. [me,
Qui n'en serait surpris ?
   Le ciel, etc.

Le ciel en est le prix !
Rends pour moi ce service...
Fais-moi ce sacrifice...
Dieu parle et j'y souscris ;
   Le ciel, etc.

Le ciel en est le prix !
Endurons cette injure,
L'amour-propre en murmure
Mais tous bas il lui dit :
Le ciel, etc.

Le ciel en est le prix !
Dans l'éternel empire,
Qu'il sera doux de dire :
Tous mes maux sont finis :
Le ciel, etc.

AVANTAGES DE LA FERVEUR.

Goutez, âmes ferventes,
Goûtez votre bonheur ;
Mais demeurez constantes
Dans votre sainte ardeur.

Chœur.

Heureux le cœur fidèle
Où règne la ferveur !
On possède avec elle
Tous les dons du Seigneur.

Elle est le vrai partage
Et le sceau des élus ;
Elle est l'appui, le gage
Et l'âme des vertus.
Heureux, etc.

Par elle, la foi vive
S'allume dans les cœurs,
Et sa lumière active
Guide et règle nos mœurs.
Heureux, etc.

Par elle l'espérance
Ranime ses soupirs,
Et croit jouir d'avance
Des célestes plaisirs.
Heureux, etc.

Par elle, dans les âmes
S'accroît de jour en jour
L'activité des flammes

Du pur et saint amour.
Heureux, etc.

C'est elle qui de l'âme
Dévoile la grandeur,
Et le zèle s'enflamme
Par sa vive chaleur.
Heureux, etc.

De l'âme pénitente
Elle adoucit les pleurs,
Et de l'âme souffrante
Elle éteint les douleurs.
Heureux, etc.

Celui qui fut docile
A vivre sous ses lois,
Courut d'un pas agile,
La route de la croix.
Heureux, etc.

Sous ses heureux auspices,
On goûte les bienfaits,
Les charmes, les délices
De la plus douce paix.
Heureux, etc.

Mais sans sa vive flamme
Tout déplaît, tout languit ;
Et la beauté de l'âme
Se fane et dépérit.
Heureux, etc.

De La Tour.

ACTIONS DE GRACES.

Refrain. { Bénissons à jamais
Le Seigneur dans ses bienfaits. } bis.

Bénissez-le, saints Anges :
Louez sa majesté ;
Rendez à sa bonté
Mille et mille louanges.
Bénissons, etc.

Oh ! que c'est un bon père,
Qu'il a grand soin de nous !
Il nous supporte tous,
Malgré notre misère.
Bénissons, etc.

Comme un pasteur fidèle,
Sans craindre le travail,
Il ramène au bercail
Une brebis rebelle.
Bénissons, etc.

Il a guéri mon âme,
Comme un bon médecin ;
Comme un maître divin,
Il m'éclaire et m'enflamme.
Bénissons, etc.

Que tout loue en ma place
Un Dieu si plein d'amour,
Qui me fait chaque jour
Une nouvelle grâce.
Bénissons, etc.

Sa bonté me supporte,
Sa lumière m'instruit,
Sa beauté me ravit,
Son amour me transporte.
Bénissons, etc.

Dieu seul est ma tendresse,
Dieu seul est mon soutien,
Dieu seul est tout mon bien,
Ma vie et ma richesse.
Bénissons, etc.

SOUFFRANCES DE JÉSUS-CHRIST.

Au sang qu'un Dieu va répandre,
Ah ! mêlez du moins vos pleurs,
Chrétiens qui venez entendre
Le récit de ses douleurs ;
Puisque c'est pour vos offenses
Que ce Dieu souffre aujourd'hui,
Animés par ses souffrances,
Vivez et mourez pour lui.

Dans un jardin solitaire
Il sent de rudes combats ;
Il prie, il craint, il espère ;
Son cœur veut et ne veut pas.

Tantôt la crainte est plus forte,
Et tantôt l'amour plus fort ;
Mais enfin l'amour l'emporte,
Et lui fait choisir la mort.

Judas, que la fureur guide,
L'aborde d'un air soumis ;
Il l'embrasse, et ce perfide
Le livre à ses ennemis.
Judas, un pécheur t'imite
Quand il feint de l'apaiser ;
Souvent sa bouche hypocrite
Le trahit par un baiser.

On l'abandonne à la rage
De cent soldats inhumains ;
Sur son auguste visage
Des valets portent leurs mains.
Vous deviez, anges fidèles,
Témoins de ces attentats,
Ou le mettre sous vos ailes
Ou frapper tous ces ingrats.

Ils le traînent au grand-prêtre,
Qui seconde leur fureur,
Et ne veut le reconnaître
Que pour un blasphémateur.
Quand il jugera la terre,
Ce Sauveur aura son tour ;
Aux éclats de son tonnerre
Tu le connaîtras un jour.

Tandis qu'il se sacrifie,
Tout conspire à l'outrager.
Pierre lui-même l'oublie,
Et le traite d'étranger ;
Mais Jésus perce son âme
D'un regard tendre et vainqueur,
Et met, d'un seul trait de flamme,
Le repentir dans son cœur.

Chez Pilate on le compare
Au dernier des scélarts.
Qu'entends-je? ô peuple barbare!
Tes cris sont pour Barrabas ;
Qu'elle indigne préférence!
Le juste est abandonné ;
On condamne l'innocence,
Et le crime est pardonné.

On le dépouille, on l'attache,
Chacun arme son courroux.
Je vois cet Agneau sans tache
Tombant presque sous les coups.
C'est à nous d'être victimes.
Arrêtez, cruels bourreaux!
C'est pour effacer vos crimes
Que son sang coule à grands flots.

Une couronne cruelle
Perce son auguste front ;
A ce chef, à ce modèle,
Mondains, vous faites affront.
Il languit dans les supplices,
C'est un homme de douleurs ;
Vous vivez dans les délices,
Vous vous couronnez de fleurs.

Il marche, il monte au Calvaire,
Chargé d'un infâme bois ;
De là, comme d'une chaire,
Il fait entendre sa voix :
Ciel, dérobe à la vengeance
Ceux qui m'osent outrager !
C'est ainsi, quand on l'offense,
Qu'un chrétien doit se venger.

Une troupe déchaînée
L'insulte et crie à l'envi :
Qu'il change sa destinée,
Et nous croirons tous en lui.

Il peut la changer sans peine,
Malgré vos nœuds et vos clous ;
Mais le nœud qui seul l'enchaîne,
C'est l'amour qu'il a pour nous.

Ah ! de ce lit de souffrance,
Seigneur, ne descendez pas ;
Suspendez votre puissance,
Restez-y jusqu'au trépas.
Mais tenez votre promesse,
Attirez-nous près de vous ;
Pour prix de votre tendresse,
Puissions-nous y mourir tous !

Il expire, et la nature
En lui pleure son auteur ;
Il n'est point de créature
Qui ne marque sa douleur ;
Un spectacle si terrible
Ne pourrait-il me toucher ?
Et serai-je moins sensible
Que n'est le plus dur rocher ?

Fénélon.

INPORTANCE DU SALUT.

Travaillez à votre salut ;
Quand on le veut, il est facile :
Chrétiens, n'ayez pas d'autre but ;
Sans lui tout devient inutile.   (bis).

Chœur.

Sans le salut (bis), pensez-y bien,
Tout ne vous servira de rien.   (bis).

Oh ! que l'on perd en le perdant !
On perd le céleste héritage ;
Au lieu d'un bonheur si charmant,
On a l'enfer pour son partage.   (bis).
Sans le salut, etc.

Que sert de gagner l'univers,
Dit Jésus, si l'on perd son âme,
Et s'il faut, au fond des enfers,
Brûler dans l'éternelle flamme ? *(bis).*
Sans le salut, etc.

Rien n'est digne d'empressement,
Si ce n'est la vie éternelle ;
Tout le reste est amusement,
Tout n'est que pure bagatelle. *(bis).*
Sans le salut, etc.

C'est pour tout une éternité
Qu'on est heureux ou misérable :
Que devant cette vérité
Tout ce qui passe est méprisable ! *(bis).*
Sans le salut, etc.

Grand Dieu, que, tant que nous vivrons,
Cette vérité nous pénètre !
Ah ! faites que nous nous sauvions,
A quelque prix que ce puisse être. *(bis).*
Sans le salut, etc.

SUR LES VANITÉS.

Tout n'est que vanité,
Mensonge, fragilité,
Dans tous ces objets divers
Qu'offre à nos regards l'univers.
Tous ces brillants dehors,
    Cette pompe,
Ces biens, ces trésors,
    Tout nous trompe,
Tout nous éblouit ;
Mais tout nous échappe et nous fuit.

Telles qu'on voit les fleurs,
Avec leurs vives couleurs,
Éclore, s'épanouir,
Se faner, tomber et périr ;
Tel est des vains attraits
    Le partage ;

Tels l'éclat, les traits
　　Du bel âge,
　Après quelques jours,
Perdent leur beauté pour toujours.

En vain, pour être heureux,
Le jeune voluptueux
Se plonge dans les douceurs
Qu'offrent les mondains séducteurs.
　Plus il suit les plaisirs
　　Qui l'enchantent,
　Et moins ses désirs
　　Se contentent :
　Le bonheur le fuit
A mesure qu'il le poursuit.

Que doivent devenir,
Pour l'homme qui doit mourir,
Ces biens longtemps amassés,
Cet argent, cet or entassés ?
　Fût-il du genre humain
　　Seul le maître,
　Pour lui tout enfin
　　Cesse d'être ;
　Au jour de son deuil
Il n'a plus à lui qu'un cercueil.

Que sont tous ces honneurs,
Ces titres, ces noms flatteurs ?
Où vont de l'ambitieux,
Les projets, les soins et les vœux ?
　Vaine ombre, pur néant,
　　Vil atome,
　Mensonge amusant,
　　Vrai fantôme
　Qui s'évanouit
Après qu'il l'a toujours séduit.

Tel qui voit aujourd'hui
Ramper au-dessous de lui
Un peuple d'adorateurs,
Qui brigue à l'envi ses faveurs :

Tel devenu demain
    La victime
    D'un revers soudain
      Qui l'opprime,
Nouveau malheureux,
Est esclave et rampe comme eux.

J'ai vu l'impie heureux
Porter son air fastueux
Et son front audacieux
Au-dessous du cèdre orgueilleux ;
    Au loin tout révérait
      Sa puissance,
    Et tout adorait
      Sa présence.
    Je passe... et soudain
Il n'est plus, je le cherche en vain.

Que sont donc devenus
Ces grands, ces guerriers connus,
Ces hommes dont les exploits
Ont soumis la terre à leurs lois ?
    Les traits éblouissants
      De leur gloire,
    Leurs noms florissants,
      Leur mémoire,
    Avec les héros
Sont entrés au sein des tombeaux.

Au savant orgueilleux
Que sert un génie heureux,
Un nom devenu fameux
Par mille travaux glorieux ;
    Non, les plus beaux talents,
      L'éloquence,
    Les succès brillants,
      La science,
    Ne servent de rien
A qui ne sait vivre en chrétien.

    Arbitre des humains,
Dieu seul tient entre ses mains

Les événements divers
Et le sort de tout l'univers :
Seul il n'a qu'à parler,
Et la foudre
Va frapper, briser,
Mettre en poudre
Les plus grands héros,
Comme les plus vils vermisseaux.

La mort, dans son courroux,
Dispense à son gré ses coups,
N'épargne ni le haut rang,
Ni l'éclat auguste du sang :
Tout doit un jour mourir,
Tout succombe,
Tout doit s'engloutir
Dans la tombe ;
Les sujets, les rois
Iront s'y confondre à la fois.

Oui, la mort, à son choix,
Soumet tout âge à ses lois,
Et l'homme ne fut jamais
A l'abri d'un seul de ses traits.
Comme sur son retour
La vieillesse,
Dans son plus beau jour
La jeunesse,
L'enfance au berceau,
Trouvent tour à tour leur tombeau.

Oh ! combien malheureux
Est l'homme présomptueux,
Qui, dans ce monde trompeur,
Croit pouvoir trouver son bonheur !
Dieu seul est immortel,
Immuable,
Seul grand, éternel,
Seul aimable ;
Avec son secours
Soyons à lui seul pour toujours.

PÈLERINAGE A MARIE.

Vers l'autel de Marie
Marchons avec amour ;
Vierge aimable et chérie,
Donne-nous un beau jour.

Chœur.

Donne, donne-nous un beau
 jour. (3 *fois*).

Départ.

On dit que sur notre âge.
Repose ton amour...
Pour ce pèlinage
Donne-nous un beau jour.

Souvent l'ange perfide
Vient troubler notre amour..
Vierge, sois notre guide,
Donne-nous un beau jour.

Bientôt, dans ta chapelle
Parlera notre amour ;
Il te sera fidèle...
Donne-nous un beau jour.

La fleur, brillante image
Du pur et saint amour,
Nous t'en ferons l'hommage,
Donne-nous un beau jour.

Et dans ton sanctuaire,
Montre-nous ton amour,
N'es-tu pas notre mère ?
Donne-nous un beau jour.

Retour.

Ton amour ! c'est le gage
Du bonheur de ce jour.
Qu'il soit notre partage !
Donne-nous ton amour.

Loin de ton sanctuaire,
Qu'il est de tristes jours !
Contre notre misère,
Donne-nous ton amour.

L'enfer, de sa furie
Nous poursuit chaque jour ;
Ah ! sauve-nous la vie,
Donne-nous ton amour.

Eh quoi ! lâche, infidèle,
J'oublîrais ce beau jour ?...
Non... soutiens notre zèle,
Donne-nous ton amour.

La vie est un passage.
Au ciel, au ciel un jour !...
Donne-nous en le gage,
Donne-nous ton amour.

C'EST ELLE QUI CONSOLE

Tendre Marie,
Mére chérie,
O vrai bonheur
 Du cœur !

Ma tendre mère,
En toi j'espère,
Sois mes amours
Toujours ! } bis.

Tous ceux qui souffrent sur la terre
En toi trouvent puissant secours :
Ton cœur entend notre prière,
Et ton cœur nous répond toujours.
    Tendre, etc.

Tu nous consoles dans nos peines,
Tu viens à nous dans l'abandon ;
Du pécheur tu brises les chaînes,
C'est toi qui donnes le pardon.
    Tendre, etc.

Ta douce main sèche nos larmes,
Ton nom si doux guérit nos maux,
Et nous trouvons encor des charmes
A te prier sur des tombeaux.
    Tendre, etc.

Tu viens consoler ceux qui pleurent
Et tu prends soin des malheureux ;
Tu viens visiter ceux qui meurent,
Et tu les portes dans les cieux.
    Tendre, etc.

C'est toi qui gardes l'innocence
Dans l'âme des petits enfants ;
C'est toi qui gardes l'espérance
Dans les cœurs flétris par les ans.
    Tendre, etc.

Je te consacre donc mes peines,
Je te consacre mes douleurs,
Unissant mes larmes aux tiennes,
Taris la source de mes pleurs.
    Tendre, etc.

LOUANGES A MARIE.

Unis au concert des Anges,
Aimable Reine des cieux,
Nous célébrons tes louanges
Par nos chants mélodieux.

    De Marie
    Qu'on publie
Et la gloire et les grandeurs !
    Qu'on l'honore,
    Qu'on l'implore,
Qu'elle règne sur nos cœurs !

Auprès d'elle la nature
Est sans grâce et sans beauté,
Les cieux même sans parure,
L'astre du jour sans clarté.
    De Marie, etc.

C'est le lis de la vallée
Dont le parfum précieux
Sur la terre désolée
Attira le Roi des cieux.
    De Marie, etc.

C'est l'auguste sanctuaire
Que le Dieu de majesté
Inonda de sa lumière,
Embellit de sa beauté !
    De Marie, etc.

C'est la Vierge incomparable,
Gloire et salut d'Israël,
Qui, pour un monde coupable,
Fléchit le courroux du Ciel.
    De Marie, etc.

C'est la Vierge, c'est Marie :
Dans ce nom que de douceur !
Nom d'une mère chérie,
Nom, doux espoir du pécheur.
    De Marie, etc.

oui, je veux, ô tendre mère,
Jusqu'à mon dernier soupir
T'aimer, te servir, te plaire,
Et pour toi vivre et mourir.
    De Marie, etc.

MARIE COMBAT POUR NOUS.

CHRÉTIENS, qui combattons aujourd'hui sur la terre,
Souvenons-nous toujours, au milieu du danger,
Souvenons-nous qu'au ciel nous avons une Mère
Dont le bras tout puissant saura nous protéger.

Refrain. — Notre-Dame de la victoire
    De l'enfer triomphe en ce jour;
    Encore un chant de gloire,
    Encore un chant d'amour.   *(ter)*.

PLAÇONS en elle seule une ferme espérance;
Que nos cœurs dévoués l'aiment jusqu'au trépas,
Et que de notre sein son nom béni s'élance
Pour nous rallier tous au plus fort des combats.
    Notre-Dame, etc.

C'EST la tour de David, inexpugnable asile
Qui du démon jaloux brave tous les assauts;
C'est l'arche défiant, dans sa marche tranquille,
Et la fureur des vents et la rage des flots.
    Notre-Dame, etc.

DANS les temps où l'erreur dominait sur le monde,
Quand l'Église luttait contre tous les tyrans,
Vous priiez, ô Marie, et la grâce féconde
Enfantait chaque jour de nouveaux combattants.
    Notre-Dame, etc.

PLUS tard, si l'hérésie arbore sa bannière,
Si l'antique serpent soudain s'est redressé,
Vierge, vous paraissez... Satan, dans la poussière,
Sous votre pied vainqueur se débat écrasé.
    Notre-Dame, etc.

O Vierge immaculée et mille fois bénie,
Ajoutez à vos dons un don plus précieux :
Faites qu'après le cours d'une pieuse vie,
Et pasteur et troupeau soient reçus dans les cieux.
   Notre-Dame, etc.

Et si le monde encor contre nous se déchaîne,
S'il brave le Très-Haut, s'il outrage ses lois,
Marie, apprenez-nous à mépriser la haine
De tous ces ennemis qui blasphèment la croix.
   Notre-Dame, etc.

Donnez à vos enfants la force et le courage,
Un courage à l'épreuve et du fer et du feu,
Prêts à sacrifier, si la lutte s'engage,
Nos âmes et nos corps en holocauste à Dieu.
   Notre-Dame, etc.

NOTRE-DAME DU ROSAIRE.

D'une mère chérie
Célébrons les grandeurs ;
Consacrons à Marie
Et nos voix et nos cœurs.

Refrain.

De concert avec l'ange
Quand il la salua,
Disons à sa louange
Un *Ave Maria.*
De concert, etc.

Modeste créature,
Elle plut au Seigneur ;
Et vierge toujours pure,
Enfanta le Sauveur.
De concert, etc.

Nous étions la conquête
Du tyran des enfers ;
En écrasant sa tête
Elle a brisé nos fers.
De concert, etc.

Que l'espoir se relève
Dans nos cœurs abattus ;
Par cette nouvelle Eve
Les cieux nous sont rendus.
De concert, etc.

O Marie, ô ma mère,
Prenez soin de mon sort ;
C'est en vous que j'espère
A la vie à la mort.
De concert, etc.

O céleste lumière,
O source de bonheur,
Exaucez la prière
Que vous offre mon cœur.
De concert, etc.

Obtenez-nous la grâce,
A notre dernier jour,
De vous voir face à face
Au céleste séjour.
De concert, etc.

CANTIQUE A LA SAINTE-VIERGE.

Chantons la Vierge immaculée,
Chantons sa gloire et ses grandeurs,
De toute grâce elle est comblée
Pour être reine de nos cœurs.

Refrain. — *Laudate, Laudate, Laudate Mariam.*

O vous, ma sainte et tendre mère
Que Dieu fit si pure à ses yeux,
Voyez mes combats, ma misère,
Protégez-moi du haut des cieux.   *Laudate*, etc.

C'est vers vous que toute souffrance
Élève les cris du malheur,
Et c'est votre douce puissance
Qui console toute douleur.   *Laudate*, etc.

C'est par vous, ô Vierge admirable,
Qu'il mit le comble à sa bonté,
Et qu'au prix d'un sang adorable
L'homme pécheur fut racheté.   *Laudate*, etc.

Du haut de ce trône sublime
Où vous plaça le Créateur,
Au fond de son affreux abîme
Daignez regarder le pécheur.   *Laudate*, etc.

Dans les transports de l'allégresse
Chantons, célébrons l'heureux jour
Où l'Éternel, dans sa tendresse,
Nous donna la Mère d'amour.   *Laudate*, etc.

Mais si nos voix pour vos louanges
Sont trop faibles en ce saint lieu,
Faites qu'un jour, avec les Anges,
Nous vous chantions, Mère de Dieu : *Laudate*, etc.

SON NOM.

C'est le nom de Marie
Qu'on célèbre en ce jour ;
O famille chérie,
Chantez ce nom d'amour.

C'est le nom d'une mère ;
Chantez, heureux enfants,
Unissez, pour lui plaire,
Et vos cœurs et vos chants.
C'est le nom, etc.

C'est un nom de puissance,
Un nom plein de douceur,
Mais toujours sa clémence
Surpasse sa grandeur.
C'est le nom, etc.

C'est un nom de victoire :
Il dompte les enfers,
Il nous donne la gloire
De briser tous nos fers.
C'est le nom, etc.

C'est un nom d'espérance
Au pécheur repentant,
Un gage d'innocence
Au cœur juste et fervent.
C'est le nom, etc.

Il n'est rien de plus tendre,
Il n'est rien de plus fort ;
Le ciel aime à l'entendre,
Pour l'enfer c'est la mort.
C'est le nom, etc.

Il est doux à la terre,
Il est plus doux au ciel ;
Un cœur pur le préfère
A la douceur du miel.
C'est le nom, etc.

La parole première
Que dit Jésus enfant
Fut le nom de sa mère,
Qu'il dit en souriant.
C'est le nom, etc.

Que le nom de ma mère,
Au dernier de mes jours,
Soit toute ma prière,
Qu'il soit tout mon secours.
C'est le nom, etc.

REINE DES CIEUX.

Reine des cieux
Jette les yeux
Sur ce béni sanctuaire,
Et des pécheurs
Guéris les cœurs
Et montre-toi notre mère. *(bis).*

Entends nos vœux,
Rends-nous heureux,
En nous donnant la victoire,
Et pour jamais
De tes bienfaits
Nous garderons la mémoire. *(bis).*

Mets en nos cœurs
Les belles fleurs,
Symbole de l'innocence,
Conserve-nous
Les dons si doux
De foi, d'amour, d'espérance. *(bis).*

Des noirs enfers
Brise les fers,
Les fers de son esclavage,
Éteins les feux
De l'antre affreux
Et sauve-nous de sa rage. *(bis).*

Astre des mers,
Des flots amers
Calme la vague écumante,
Chasse la mort
Et mène au port
Notre nacelle tremblante. *(bis).*

Ne souffre pas
Que le trépas
Nous surprenne dans le crime,
Non, ton enfant
Du noir serpent
Ne sera point la victime. *(bis).*

Si les accents
De tes enfants
S'élèvent jusqu'à ton trône,
Dans ce séjour
Du bel amour
Garde-leur une couronne. *(bis).*

Accorde-nous
De t'aimer tous
Dans la céleste patrie,
Et d'y fêter
Et d'y chanter
L'aimable nom de Marie. *(bis).*

SOUVENEZ-VOUS.

Souvenez-vous, ô tendre Mère,
Qu'on n'eût jamais recours à vous
Sans voir exaucer sa prière,
Et dans ce jour exaucez-nous.   (bis)

Des siècles écoulés j'interroge l'histoire,
Pour dire ses bienfaits ils n'ont tous qu'une voix,
Verrais-je en un seul jour s'obscurcir tant de gloire,
L'invoquerais-je en vain pour la première fois.
  Souvenez-vous, etc.

Marie aux vœux de tous prêta toujours l'oreille,
Le juste est son enfant, il peut tout sur son cœur;
Mais auprès du pécheur jour et nuit elle veille,
Il est son fils aussi, l'enfant de sa douleur.
  Souvenez-vous, etc.

Et moi, de mes péchés traînant la longue chaîne,
Vierge sainte, à vos pieds j'implore mon pardon,
Me voici tout tremblant, et je n'ose qu'à peine
Lever les yeux vers vous, prononcer votre nom.
  Souvenez-vous, etc.

Mais quoi! je sens mon cœur s'ouvrir à l'espérance,
Il retrouve la paix, il palpite d'amour;
Je n'ai pas vainement imploré sa clémence,
La mère de Jésus est ma mère en ce jour.
  Souvenez-vous. etc.

Mes vœux sont exaucés puisque j'aime ma mère,
Et que d'un feu si doux je me sens enflammé;
Je dirai donc aussi que, malgré ma misère,
Son cœur m'a répondu quand je l'ai réclamé.
  Souvenez-vous, etc.

Je n'ai plus qu'un désir à former sur la terre :
O ma mère, mettez le comble à vos bienfaits;
Que j'expire à vos pieds et dans ce sanctuaire,
Si je ne dois au Ciel vous aimer à jamais !
  Souvenez-vous, etc.

INVOCATION.

Je vous implore, incomparable reine,
Tournez vers moi vos regards précieux ;
De l'univers vous êtes souveraine,
Et l'ornement de la terre et des cieux.

Proscrit hélas ! sur cette triste plage,
De l'aquilon j'éprouve les rigueurs.
Le noir enfer, dans sa cruelle rage,
S'enorgueillit de voir couler mes pleurs.

Mais, ô Marie, aurore bienfaisante,
De vos rayons éclairez mes combats.
Alors Satan et sa secte puissante,
Malgré leurs coups, ne m'ébranleront pas.

Je vous consacre et mon cœur et ma lyre.
Puissé-je un jour aux échos éternels
Faire chanter votre adorable empire
Et triompher avec les immortels.

LE MOIS DE MAI.

Devant ton image chérie
Quand nous venons chaque printemps,
Accueille toujours, ô Marie,
Les humbles vœux de tes enfants.
Allons, chrétiens, vers notre Reine,
Chargeons ses autels de présents ;
Du Ciel l'auguste souveraine,
Bénira nos vœux et nos chants,
Bénira nos vœux, bénira nos chants,
    Nos vœux et nos chants.

Des fleurs de la saison nouvelle
Quand tes fils parent ton autel,
Sur eux que ta main maternelle
Verse toujours les dons du Ciel ;
Pour ces festons, ces verts feuillages,
Qu'en ton parvis nous déployons,
Féconde en nos jeunes courages
Les saints désirs que nous portons,
Les saints désirs (*bis*) que nous portons.

Dans les sentiers de la justice
Fais-nous marcher d'un pas certain ;
Si quelquefois notre pied glisse,
Du haut des cieux tends-nous la main.
Du jour sans fin, ô douce aurore,
　Alors que paraitra Jésus,
　En te louant, nos voix encore
　Loueront et la mère et le fils,
Loueront la mère et loueront le fils,
　　La mère et le fils.

MÊME SUJET.

　　O Roi des cieux !
　Vous nous rendez tous heureux ;
　Vous comblez tous nos vœux
En résidant pour nous dans ces lieux.

　Prodige d'amour,
　　Dans ce séjour
Vous vous immolez pour nous chaque jour ;
　　A l'homme mortel
Vous offrez un aliment éternel.   O Roi, etc.

　Seigneur, vos enfants
　　Reconnaissants,
Vous offrent les plus tendres sentiments :
　　Leurs cœurs sans retour
Veulent brûler du feu de votre amour. O Roi, etc.

　Chantons tous en chœur
　　Louange, honneur
A Jésus, notre aimable Rédempteur,
　　Chantons à jamais
De son amour les éternels bienfaits.   O Roi, etc.

MERVEILLES DE L'EUCHARISTIE.

Par les chants les plus magnifiques,
Sion, célèbre ton Sauveur ;
Exalte dans tes saints cantiques
Ton Dieu, ton chef et ton pasteur ;

Redouble aujourd'hui, pour lui plaire,
Tes transports, tes soins empressés :
Jamais tu n'en pourras trop faire,   } bis.
Tu n'en feras jamais assez.

Ouvre ton cœur à l'allégresse,
A tout le feu de tes transports,
Lorsque son immense largesse
T'ouvre elle-même ses trésors :
Près de consommer son ouvrage,
Il consacra son dernier jour
A te laisser ce tendre gage   } bis.
Qui mit le comble à son amour.

Offert sur la table mystique,
L'agneau de la nouvelle loi
Termine enfin la Pâque antique
Qui figurait le nouveau Roi.
La vérité succède à l'ombre,
La loi de crainte se détruit,
La clarté chasse la nuit sombre,   } bis.
Et la loi de grâce nous luit.

Jésus de son amour extrême
Veut éterniser le bienfait ;
Ce que d'abord il fit lui-même,
Le prêtre à son ordre le fait ;
Il change, ô prodige admirable
Qui n'est aperçu que des cieux !
Le pain en son corps adorable,   } bis.
Le vin en son sang précieux.

L'œil se méprend, l'esprit chancelle :
Il cherche d'un Dieu la splendeur ;
Mais toujours ferme, un vrai fidèle
Sans hésiter voit son Sauveur ;
Son sang pour nous est un breuvage,
Sa chair devient notre aliment :
Les espèces sont le nuage   } bis
Qui nous le couvre au Sacrement.

On voit le juste et le coupable
S'approcher du banquet divin,
Se ranger à la même table,
Prendre place au même festin ;
Chacun reçoit la même hostie ;
Mais qu'ils diffèrent dans leur sort !
Le juste tremble et boit la vie,   } *bis.*
L'impie affronte et boit la mort.

Je te salue, ô pain de l'Ange ?
Aujourd'hui pain du voyageur ;
Toi que j'adore et que je mange,
Ah ! viens dissiper ma langueur.
Loin de toi, l'impur, le profane,
Pain réservé pour les enfants,
Mets des élus, céleste manne,   } *bis.*
Objet seul digne de nos chants.

NOTRE CŒUR REPOSE EN MARIE.

Mère de Dieu, quelle magnificence
Orne aujourd'hui cet auguste séjour !
C'est en ces lieux que mon heureuse enfance
Vint à tes pieds te vouer son amour.

  Tendre Marie !
  O mon bonheur !
  Toujours chérie,   } *bis.*
 Tu vivras dans mon cœur.

O mon refuge ! ô Marie ! ô ma mère !
Combien sur moi tu versas de bienfaits !
Combien de fois, dans ce doux sanctuaire,
Mon cœur trouva le bonheur et la paix !
  Tendre, etc.

Mon œil à peine avait vu la lumière,
Que ton amour veillait sur mon berceau,
Tous mes instants, ô mon aimable mère,
Tu les marquais par un bienfait nouveau.
  Tendre, etc.

Anges, soyez témoins de ma promesse !
Cieux, écoutez ce serment solennel :
« Oui, c'en est fait, mon cœur plein de tendresse
» Jure à Marie un amour éternel. »
   Tendre, etc.

Si je pouvais, infidèle et volage,
Un seul instant cesser de te chérir,
Tranche mes jours à la fleur de mon âge,
Oui, j'y consens, fais-moi, fais-moi mourir.
   Tendre, etc.

RÉNOVATION DES VŒUX DU BAPTÊME.

 Quand l'eau sainte du baptême,
 Coula sur vos fronts naissants,
 Et qu'un Dieu, la bonté même,
 Vous adopta pour enfants ;
  Muets encore,
 D'autres promirent pour vous ;
 Aujourd'hui confessez tous
La foi dont un chrétien s'honore.

Chœur.

  Foi de nos pères,
 Notre règle et notre amour,
 Nous embrassons en ce jour
Et ta morale et tes mystères.

En vain à ma foi soumise
S'oppose un orgueil trompeur ;
Sur les traces de l'Église,
Puis-je marcher dans l'erreur ?
  Trinité sainte,
Je te confesse et te crois,
 Et je t'adore trois fois,
Et plein d'amour et plein de crainte.
   Foi, etc.

Annoncé par mille oracles,
Et de la terre l'espoir,
L'Homme-Dieu, par ses miracles,
Fait éclater son pouvoir.
 Victime pure,
Il triomphe du trépas :
Et je n'adorerais pas
En lui l'auteur de la nature !
 Foi, etc.

Par un funeste héritage,
Nos parents, avec le jour,
Nous transmirent en partage
La haine d'un Dieu d'amour.
 J'implore et crie :
Dieu s'offense de mes pleurs.
Mais Jésus a dit : Je meurs,
Et sa mort me rend à la vie.
 Foi, etc.

Ciel ! quelle robe éclatante !
Quel bain pur et bienfaisant !
Quelle parole puissante
De Dieu m'a rendu l'enfant !
 Je te baptise...
Le Ciel s'ouvre, plus d'enfer ;
Et des Anges le concert
M'introduit au sein de l'Eglise.
 Foi, etc.

Loin de moi, monde profane !
Fuis, ô plaisir séduisant !
L'Évangile vous condamne,
Vous blessez en caressant.
 Sous votre empire,
Mon Dieu, sont tous les trésors,
Vos douceurs sont sans remords,
C'est pour elles que je soupire.
 Foi, etc.

Loin de ces tentes coupables
Où s'agite le pécheur,
Sous vos pavillons aimables
J'irai jouir du bonheur.
    Avant l'aurore
Mon cœur vous appellera,
  Et quand le jour finira,
Mes chants vous béniront encore.
    Foi, etc.

NOUS NE T'OUBLIERONS JAMAIS !

Vois à tes pieds, vierge Marie,
Les enfants sur qui chaque jour
S'épanchent, de ta main chérie,
Les flots si doux du pur amour.

Refrain.

Tous heureux dans ton sanctuaire,
Nous revenons célébrer tes bienfaits,
Crois en nos cœurs, auguste et sainte mère,
Nous ne t'oublierons jamais ;
Non, non, non, non, jamais !
  Jamais, jamais !

Le monde de sa folle ivresse
En vain nous offre les douceurs,
Loin de sa coupe enchanteresse
Une mère garde nos cœurs.   Tous, etc.

Cent fois, planant sur notre tête,
La foudre a menacé nos jours,
Quand gronde la noire tempête,
Marie en détourne le cours.   Tous, etc.

Sur nous son regard tutélaire
Toujours repose avec bonheur ;
L'encens de notre humble prière
Attire ses dons, sa faveur.   Tous, etc.

L'ENFER en vain frémit de rage
Et contre nous lance ses traits,
Marie aide notre courage,
Nous ne succomberons jamais.   Tous, etc.

VIERGE, notre douce espérance,
Nous t'en prions, guide nos pas ;
Ta main conduisit notre enfance,
Protége-nous dans les combats.   Tous, etc.

A tes bontés toujours fidèle,
Rends nos ennemis impuissants ;
Daigne nous couvrir de ton aile,
Marie, exauce tes enfants.   Tous, etc.

CANTIQUE DE NOTRE-DAME DE SALUT.

Refrain.

DIEU de clémence,
Vois nos douleurs !
Sauve, sauve la France,
Exauce enfin nos pleurs !

TOUT enivré d'une gloire éphémère,
Peuple aveuglé, nous blasphémions ta loi.
Faut-il encor le fracas du tonnerre
Pour réveiller le cri de notre foi ?

DANS l'ouragan, la lueur d'une étoile
Rend au pilote et la force et l'espoir.
Elle a paru, brillante sous son voile,
L'Étoile d'or, au milieu d'un ciel noir.

QUEL est ton nom, astre dont la lumière
Vient resplendir sur nos sommets tremblants ?
C'est le Salut qu'elle apporte à la terre ;
C'est le Salut pour les cœurs pénitents.

SON nom béni, c'est le nom d'une mère ;
C'est la bonté qui s'incline vers nous.
« Priez, enfants ! » dit-elle, « la prière
Peut tout sauver du céleste courroux.

Enfants, priez ! Voyez pleurer vos mères,
Pleurez aussi ! Vos pères ont péché.
Ah ! que vos cris, que vos larmes amères
Montent vers Dieu ! son cœur sera touché. »

Douce Marie, ô mère secourable,
Auguste Reine, ayez pitié de nous ;
Ayez pitié de la France coupable !
Priez pour nous, qui recourons à vous.

DONS DU SAINT-ESPRIT.

Refrain : Esprit saint, Dieu de lumière,
O vous que nous invoquons !
Venez des cieux sur la terre,
Comblez-nous de tous vos dons. } *bis.*

Sagesse.

Accordez-nous cette sagesse
Qui ne cherche que le Seigneur ;
Que notre étude soit sans cesse
De lui soumettre notre cœur.   Esprit saint, etc.

Intelligence.

Donnez-nous cette intelligence,
Ce don qui fait connaître au cœur
De la foi toute l'excellence,
Et du crime toute l'horreur.   Esprit saint, etc.

Conseil.

De vos conseils que la lumière
Dissipe nos illusions ;
Qu'elle nous guide et nous éclaire
Au milieu des tentations.   Esprit saint, etc.

Force.

Venez, inspirez-nous la force
D'aimer Dieu, d'observer sa loi ;
Et qu'en vain le monde s'efforce
D'éteindre dans nos cœurs la foi.   Esprit saint, etc.

Science.

ENSEIGNEZ-NOUS cette science,
L'art divin qui fait les vertus ;
Répandez sur nous l'abondance
Du don qui forme les élus.   Esprit saint, etc.

Piété.

QU'UNE piété vive et pure
Nous anime et brûle toujours ;
Qu'à son feu notre âme s'épure
Et pour vous s'embrase d'amour. Esprit saint, etc.

Crainte de Dieu.

GRAND Dieu ! inspirez-nous la crainte
De vos terribles jugements ;
Que l'amour de votre loi sainte
Pénètre et nos cœurs et nos sens. Esprit saint, etc.

FIN.

Pontoise. — Imp. de A. Paris

www.ingramcontent.com/pod-product-compliance
Lightning Source LLC
Chambersburg PA
CBHW060702050426
42451CB00010B/1233